# *Ne heijastavat kultaa*

# *Ne heijastavat kultaa*

Lotta Hukkanen

FSC
www.fsc.org
MIX
Paperi vastuul-
lisista lähteistä
Paper from
responsible sources
FSC® C105338


Kansi: Sonja Mäkinen
Kustantaja: BoD – Books on Demand, Helsinki, Suomi
Valmistaja: BoD – Books on Demand, Norderstedt, Saksa
ISBN: 9789523188631

*Ystäville jotka rakastivat tytöstä naisen.*
*Isälle joka rakasti tytöstä tyttären.*
*Äidille joka rakasti tyttärestä taiteilijan.*

# 1

*miksi kirjoitat niin paljon surusta*
se on helpompaa
*kuin mikä*
ilosta kirjoittaminen

kun olen surullinen
haluan kivun ulos
itken sen sanoina paperille
kunnes jäljellä ei ole mitään

mutta ollessani iloinen
en naura kynäni kautta
pidän ilosta kiinni
nauttien jokaisesta hetkestä

*– kuka nyt ilosta eroon haluaisi*

taas teit sen
puhuit pääni pyörryksiin
sanoillasi makeilla
kuin hattara
mutta yhtä nopeasti
kuin sokeri suuhun sulaa
katoaa niiltä merkitys
ja yhtä lailla
kuin hattaran makea rakenne
on täynnä ilmaa
niin ovat suloiset sanasikin

*– sokerihumala*

nousen
kuin aurinko
ja kultaisella hohteellani
saan taas huomiosi
kunnes hetken kuluttua
kyllästyt kuumuuteeni
hakeudut varjoon
päätän siis laskea
toivoen
että saapuisit taas seuraamaan
paahteista hiipumistani

*– mitä en tekisikään*

teit minusta
loma-asunnon
minne pakenit
milloin mitäkin
ja minä annoin
pidin oveni auki
otin sinut vastaan
kerta toisensa jälkeen
rakastin sinut valmiiksi
tulevaa viikkoa varten
ovella suutelit minua
*kiitos kroisanteista*

olet kaunis
varmaan kauniimpi
kuin kukaan koskaan
siksi
kun sen sinulle kerron
kiität kohteliaasti
tottumuksesta
silloin minua sattuu
koska se kiitos
jonka niin rutiinilla
minulle annat
on enemmän
kuin *kiitos*
se on muistutus
niinpä taas muistan
sinä olet minulle liikaa
ja minä sinulle
liian vähän

*toivon et toi sun*
*nuorena kuolemisen ihannointi*
*on vaa metafora*
*sun elämän tyhjyydelle*
*etkä oikeesti*
*itsemurhan kanssa flirttaile*

riippuen päivästä
kävelet
joko ylitseni
tai lävitseni
kun näemme
vaikka vain sattumalta
voin tuntea
kuinka katseesi pyyhkii
yli päälakeni
sanani törmäävät
kylmään kuoreesi
ja kun hyvästelemme
astelet ylitseni
jättäen minut makaamaan
murskana odottamaan
seuraavaa kertaa
kun saavut jälleen
salaiseen piilopaikkaasi
luokseni
minun sänkyyni
missä tuoksuu kahvi
ja sinä
täytät minut itselläsi
kaadat lämpöäsi
jokaiseen kolooni
kunnes olen niin paljon sinua
että voit kutsua
minua nimelläsi
silloin nouset
ja samojen pehmeiden
suudelmien saattelemana
pakenet
ensin ovesta
sitten minusta

*luontainen johtaja*
muistan isäni kehuneen
olin kovin ylpeä
mutta mitä tulee
parisuhteisiin
ei olekaan niin hienoa
olla luontainen johtaja
se joka kaiken aloittaa
ja aina myös lopettaa
luontaisesta johtajasta
väsynyt
ihmissuhdeveturi

yhtäkkiä
kovin vaikea puhua
varmaan
koska tiedän
mitä on tulossa
ainakin arvaan
sehän tästä
mutkikasta tekee
niin kauan
kun mikään
ei ole varmaa
voi roikkua mukana
haaveilla
kuinka oma intuitio
valehtelee
eihän se niin mene
roikutaan nyt hetki kuitenkin

onpa tylsä
tasainen
hallittu
aika ironista
kuinka aina
olen ollut liikaa
mutta nyt
kun viimein hallitsen
kaiken tämän
kaaoksen
en olekaan tarpeeksi

mutta odota
anna aikaa
en olekaan
niin tasainen
hallittu
itseasiassa
en ollenkaan
olen rosoinen
reunoiltani terävä
tasaisuus vain näytelmää
joka ei sinuun uponnutkaan

todellisuudessa
siis omassani
olen holtiton
epätasainen
*sekopää*
sanoisi joku
eli minä
ja sinä
kunhan vain näet
ja niin näet
kunhan vain jäät

kun mikään ei ole
niin varmaa
kuin se
kuinka sinusta tunnen
miten hiljalleen hiivuit
repäisi kaiken
maailmankuvani
riekaleiksi
jos emme *me*
ole totta
mikä sitten on

mikä on
se voima
tai jumala
jota haluat
minun rukoilevan
että tajuat
mitä haluan
sinun tajuavan

*haluan sinun nauttivan kesästä*
mutta miten
kun sinä
olit aurinkoni
jopa loskaisessa maaliskuussa

sattuu
yrittää laajeta
täyttääkseen tilan
joka on tarkoitettu kahdelle

*aika on väärä*
hassua
kun en itselleni
yhtäkään kiirettä keksi
joka estäisi minua
rakastamasta
sinua

sivukaupalla runoja
melkein kaikki
sinusta
ehkä meidän
ei tarvitsekaan puhua
ehkä heitän
sinua tällä kirjalla

suutelet minua
vain poskelle
silti painaudun
sinua vasten
kuin toivoen
vaikka mielesi
ei minua halunnut
ehkä kehosi
olisi vielä huijattavissa

loputtomasti
luon nahkani
leikkaan hiukseni
muutan ilmeeni
toivoen
että rakastuisit
johonkin versioon minusta

isäongelmat ovat hankalia
jos ihminen on palapeli
läpi elämän jatkuva projekti
ja palat
ihmisiä
tapahtumia
miten käy
kun osa paloista on rikki
tai
niitä ei löydy ollenkaan

minun palani
siis isäni
lähettikin tekstarin
*hyvää loppuelämää*

jos olisit opettanut
että myös miehet
kykenevät rakastamaan
ehdoitta
en olisit heittänyt
itseäni
aina uudestaan
käsiin
jotka osasivat vain ottaa

*– et saa anteeksi*

älä
koskaan enää
tule humalassa kertomaan
kuinka minun pitäisi
avata sydämeni
        tunnustaa tunteeni
                laskea suojani

kun sinä
olet syy
miksi en niin uskalla tehdä

et kuulemma tiennyt mitä teit

*– en minäkään*

sanoit aina
kuinka rakastuit voimaani
loppumattomaan kunnianhimooni
kuinka ollakaan
kun riisuit minut väkisin
juuri nuo piirteet
jäivät myttyinä lattialle

*– riisuit minut minusta*

astiaston verran
heitän laseja seinään
kunnes uuvun
kaadun lattialle lepäämään
kuinka hyvältä tuntuvatkaan
sirpaleet selkäni alla
sinun kosketuksesi jälkeen

jos tämä kipu ei tapa
niin ei mikään

*– teit minusta kuolemattoman*

laskiessasi
kätesi vyötärölleni
viet minut aikamatkalle
mutta kun irtaannut
matka ei lopukaan
vaan se jatkuu
kokemuksiin
ensimmäisiin
riittämättömyydestä

suurin valheesi
ei koskenut sitä
mitä tunnet
vaan sitä
mitä olet

*– tunteeton*

kynän muste on sinistä
ja niin olivat silmänikin
kun uskoin kaikki ne valheet
kuinka palaisit luokseni

nyt mustelmat sinertävät minussa
potkittuasi minua
välinpitämättömyydelläsi

halkesin kahtia
kun et minua halunnut
jatkoin hajoamista
joka kerta kun sinut näin
nyt olen tomua
ja kun tuulee
tartun ihoosi
ja pölynä
tunkeudun huokosiisi

*– et voi pestä minua pois*

jälleen kerran
kylvän uudet onnen siemenet
kasvatan niitä rakkaudella
avaan portit puutarhaani
ihailet loistoani hetken
kunnes kylmällä teräksellä
kaivat kukkani juurineen
ja jälleen minä jään
tyhjänä kuoppana ihmettelemään

*– miten tässä näin kävi*

*mistä haluaisit puhua*
puristan silmäni
tiukasti kiinni
pakoilen
teraupeuttini tutkivaa katsetta
hän näkisi sinut
hymyilemässä
sitä hymyäsi
*en ole oikein saanut nukuttua*

kaksi kuukautta
annoin sirpaleiden repiä minua
ja odotin
jospa kovuuteni
pyöristäisi niiden reunat
kunnes olin vuotaa kuiviin
ja polvistuin
rukoillakseni universumia
tuomaan sinut takaisin

tällaisina hetkinä
kun jään jälleen yksin
vastoin tahtoani
pohdin
mitä jos
tarinani olisi toinen
tai jos
tarinani miehet
olisivat toisia
lempeämpiä
kohtaamiset heidän kanssaan
vähemmän kivuliaita
ehkä
en olisi näin rikkinäinen
ehkä
minua olisi helpompi rakastaa
ehkä silloin
sinäkään et olisi lähtenyt

taas huomaan
kuinka voimaton edessäsi olen
halusin edetä varoen
silti juoksin perääsi
kovemmin kuin koskaan
*anteeksi*
kun huoleni lipsautin
ja nyt
kun minuun kyllästyit
hetkeäkään pohtimatta
sinut takaisin ottaisin

rumimmat sanasi
eivät koskaan olleet rumia
etkä niitä rumiksi tarkoittanut
ne olivat aikapommeja
rakkauteen verhottuja valheita
jotka työnsit niin syvälle minuun
vaikka omaan vereeni hiljalleen hukuin
en osannut sinua syyttää

anteeksi
kun vaivaan
mutta voisitko
vielä kerran
sulkea oven
kunnolla
niin kovaa
että syvimmätkin soluni
lakkaisivat hokemasta
*ehkä*

*– paiskaa se*

juuri kun luulin
reitin olevan selvä
yritin palata
lempilevyjeni luokse
huomasit aikeeni
ja jo ensimmäisten sointujen aikana
kuulokkeet kiertyivät
käärmeenä kaulaani

– *anna musiikkini takaisin*

soitin sinulle eilen
puoliksi
koska oli asiaa
puoliksi
kuullakseni äänesi
sinä vastasit
sävähdin
jokin oli muuttunut
tarkistin numeron
se oli sinun
ääni puhelimessa
ei
lämpösi oli kadonnut
tilalla kylmä
mekaaninen
laskin puhelimen
rakkaus oli tosiaan kuollut
ja minun oli aloitettava surutyö

mene pois
jätä minut rauhaan
miten on mahdollista
vaikka lähdit
olet edelleen täällä
jokaisessa ajatuksessani
antaisit nyt
edes pukeutua rauhassa

vieläkin
kun kuulen sinusta
ja siitä
kuinka kohtelet naisia
istun hiljaa
nyökkäillen
mutta mielessäni kaikuu
*eivät he sinua tunne*
*eivät he sinua nää*
*me emme vain riitä sinulle*
ja tahtomattani
maalaan muut
vääräuskoisiksi

*– miten itsestäsi minulle jumalan muovasit*

kun sinä lähdit
olin kuin rikottu ikkuna
säröni näkyi pitkälle
eikä kukaan
uskaltanut koskea
silti jotenkin
säilyin yhtenä
vasta kun tajusin
ettet tule takaisin
muutuin murskaksi

ensimmäisellä istunnolla
terapeuttini kysyi
kuulemma
vain varmistaakseen
*viilteletkö*
*entä satutatko*
*itseäsi muilla tavoin*

en
ja kyllä
koska se
kuinka taas
tulin sinua katsomaan
sattuu enemmän
kuin yksikään terä
voisi koskaan koskea
ja se suru
jota silmissäni kannan
näkyy pidemmälle
kuin syvimmät arvet

kaipaan sinua
tietenkin
mutta kaipaan myös minua
sellaisena
kuin kanssasi olin
kaunis
voimakas
pysäyttämätön

nyt sinulla on verta käsissäsi
tapoit rakkauden
ja version minusta sen mukana

*olet ollut niin hyvä minulle*
niin
*ja minä niin huono sinulle*
kyllä minä tiedän kulta
siitä huolimatta
päätin sinua rakastaa

hiljalleen
oman kehon rajat
sumenevat
ja pohdin
paljonko oikeastaan
kaipaan *sinua*
ja paljonko kaipaan
tulla kosketetuksi

sinä et ole paha
vaikka he niin väittävät
mutta nyt tiedän
en ole minäkään
ja se
kuinka et minua halunnut
ei minusta pahaa tee

pyysit minulta
etten rakastuisi
kun olet poissa
*lupaathan*
mutta entä sinä
mahdoitkohan
miettiä loppuun
mitä teen tällä
kaikella rakkaudella
kun palaat
etkä enää sitä haluakaan

*pistä minua*
kuiskaan ampiaiselle
mutta kuin ilkeyttään
se lentää pois

kaipaan kipua
jospa sen avulla
kuivuneesta kehostani
viimeiset kyyneleet


sateen tullessa
käännän kasvoni kohti taivasta
kuvittelen pisarat poskillani
suolaisiksi

mahtaako johtua siitä
kuinka yksin jälkeesi jäin
vai siitä
kuinka italian aurinko lämmittää
kun yhtäkkiä
vanhakin rakastaja
melko kehno sellainen
herkulliselta näyttää

*olet kylmä*
tiedän
kun kaikki voimat
menevät hengissä pysymiseen
ei enää jaksa itseään lämmittää

*– itsekin olisit*

minun rakkauteni ei ole sokea
vaan terävänäköinen ja ilkeä
se näkee kuinka kaunis olet
ja nyt kun olet poissa
se valitsee tarkkaan
kaikista miehistä
juuri sinun näköisesi
vain kuullakseen minun itkevän
krapulaisena
sunnuntaiaamuna

minun rakkauteni rakastaa sinua
mutta sitäkin kovemmin
vihaa minua

sillat ovat palaneet
minä en niitä sytyttänyt
itsehän ne rakensin
ehkä väärästä materiaalista
tulenarasta
ja vain tunteakseni jotain
päätin palaa niiden mukana
sanoithan aina
kuinka punainen pukee minua

kerro minulle
miten sait rakkauden lähtemään
millä sanoilla
riittikö
*ei*
pitikö se tappaa
hukutitko sen
jos niin
mihin
muihin naisiin
miltä he tuoksuivat
entä maistuivat
varmasti paremmalta
kuin minä

mitä minä teen
tälle rakkaudelle
se ei huku
edes muihin miehiin
tapanko sen
vai säilönkö
siltä varalta
että päätätkin palata

kuinka voisin
sanoa *ei*
miehelle
josta kirjoitin
ensimmäisen kirjani

*olet sotkuinen*
mutta kulta
mieti vaikka ilotulituksia
miten ne haisevat palaneelta
kuinka ne särkevät korvia
ja silti käännyt katsomaan
kun ne valaisevat koko taivaan

# 2

näin sinut eilen
kuinka olinkaan
tuota hetkeä pelännyt
ja samalla
loputtomasti odottanut
ehkä näkisit minut
rakastuisit uudestaan

mutta yhtäkkiä
suudellessasi minua poskelle
tunsin taas putoavani
tosin tällä kertaa rakkaudesta
en rakkauteen

etkä sinä minua koskaan rakastanut
vain sitä
kuinka minä sinua

– *nyt tiedän*

ehkä se kaikki
säkenöivä kauneutesi
ei ollut vain sinä
vaan osittain
myös minä
minun rakkauteni valo
jossa sinä kauniina kylvit
ja ehkä se
kuinka kauniin minusta teit
olinkin minä
minun rakkauteni
joka sinusta minuun heijastui

tulee seuraava nainen
usko pois
ehkä hän on
hellempi
kauniimpi
pehmeämpi

*– ole siis sinäkin*

nykyään
nukun paremmin sohvalla
en tiedä miksi
ehkä sängyssäni kummittelevat
rakkauden haamut
jotka kuiskivat
niitä samoja lempeitä sanoja
ja matkivat
niitä samoja helliä kosketuksia
joita siinä sängyssä vaihdoimme

aamulla päätin polttaa sen

*– voin taas nukkua öisin*

vielä joskus
avaat tämän kirjan
silloin muistat
miten kaunis olin
ja tajuat
ettei yksikään nainen
osaa näin sinusta kirjoittaa

– *muista silloin katua*

olen löytänyt rauhan
kun aamulla herään
ilman painoa rinnallani
vailla tukahduttavaa tunnetta
joka joskus oli sinä

olen löytänyt rauhan
kun sinä
et ole enää *sinä*
vaan vanha rakastaja
elossa vain näillä sivuilla

olen löytänyt rauhan
kun näytät yhä kauniilta
mutta vain kun niin päätän
ja siksi tiedän
minä sinusta kauniin tein

kaikella on tarkoitus
myös kaikilla
erityisesti sinulla
sillä kuinka aallot
hiovat rantakivet
sileiksi
hioit piikkini pois
ja kun lähdit
en jäänyt heikoksi
vaan
pehmeäksi

muistan äitini kertoneen
*kaksi ihmistä*
*eivät koskaan*
*onnistu rakastamaan*
*toisiaan yhtä paljon*
opettelen siis rakastamaan
itse itseäni
enkä enää koskaan
anna enemmän
kuin saan

ole armollinen
etenkin itsellesi
kylve rakkaudessa
sinulta sinulle
opi olemaan
oma onnesi
niin kukaan
ei voi sinulta
sitä riistää

sinä olet
tulta
vastoinkäymisten
vain vahvistamaa
terästä
ennennäkemättömän
ilmiömäinen
olit kaikkea tuota ennen
ja olet sitä nyt
hidasta
mutta älä koskaan
pysähdy

– *Kirsikka*

minä parannun
puhdistan haavani
rakkaudella
ompelen ne umpeen
ajalla
nousen sängystäni
jonka kivullasi
sairasvuoteeksi muutit
avaan verhot ja
annan valon palata sisälleni

*mistä olet ylpeä*
olen herkkä
pehmeä
ja siksi
kun elän
koen kaiken
täytenä
mutta
olen myös vahva
pysäyttämätön
ja siksi
kun kaadun
nousen aina uudestaan

eikö tarina kerro
jos öisin makaa valveilla
joku sinua jatkuvasti ajattelee
pyydän siis anteeksi
jos sinua väsyttää

*– mahdatko nukkua koskaan*

kotimatkalla
pitkin aleksia
seuranani
vain rakennukset
kerroin niiden
jokaiselle kivelle
kuinka kauniilta
taas näytit

nyt kun kävelet
hiljaa lävitse
nukkuvan helsingin
kuuntele tarkkaan
kuinka askeltesi kaiku
muuttuu seinillä
rakkauslauluksi

paras esityksesi
tapahtui täällä
musiikkisi kaikui
huoneeni seinillä
kun rytmilläsi
sait minut väreilemään

tänä iltana
kun jälleen hiivit ajatuksiini
tällä kertaa ilman paitaa
näen nälkäisen katseesi
ja kuulen
kuinka toistelet
miten minua haluat
selkäni vääntyy kaarelle
tottumuksesta

sivelet kasvojani
niitä kehystäviä
hennoimpia hiuksia
*ne heijastavat kultaa*
hymyilen
sinä iltana
annoit minulle lempinimen

*– goldie*